I0191555

# Feelings

## Collection of Poetries on Love and Friendship

Ruchita Utkarsh Shah

/ BookLeaf
Publishing
India | USA | UK

Made with ❤ on the BookLeaf Publishing Platform
www.bookleafpub.in
www.bookleafpub.com

# Dedication

This book is dedicated to all the people who can feel all the beautiful feelings. Sometimes it is very difficult to describe all these feelings in words. Still I have tried to express my feelings in words. Feelings which are close to my heart. I hope it will reach to your heart too.

# Preface

We all come accross so many feelings in our life. Feeling of Love, Friendship, care, attraction, infatuation, anger, excitement, anxiety, fear and the most important feeling of happiness. Out of all these the hardest one is to find the feeling of Love and above it, the feeling of being loved. And the best feeling is happiness. Sometimes it is difficult to express our feelings face to face. I have also come across such situations many times in my life. I am not a poet or a writer who coverts words into beautiful pearls who reach our heart through our eyes. I am just a person who expresses her feelings in words and poetry which she can't say directly. In my poems, I have tried to express these feelings in words. Hope you will like it.

# Acknowledgements

I would like to thank my Father first. It's because of him I have this ability to write poems. Then I would like to thank my Mother, My sister Suchitra, My Husband Utkarsh, My son Takshil and My Best Friend Jashu. Last but not the least I would like to thank God who is always with me and supports me to overcome all these feelings.

# 1. Who are friends?

Friends help you
To become a better person,
They are always with you,
without any selfish reason.

Your happiness is incomplete
without their company,
When they are around you,
your bore times become symphony.

They always support you
to face any tough moment,
They trust you completely
and they can not be foment.

They are the ones
who will never judge you,
If they are by your side,
no one can dare to budge you.

We should be thankful to God
for giving us such friends who are best,
I am blessed to have three Besties
who make my life better than the rest.

This poem is a small gift
from me to my every friend,
To show that I value them and would always
cherish the lovely time we spent.

## 2. मैं हूँ

जब लगे तुम्हे किसी अपने की जरूरत,
याद रखना कि मैं हूँ ।

जब दिल में लगे खालीपन, महसूस हो अकेलापन,
हाथ थामने के लिए मैं हूँ ।

जब कोई भी तुमको ना समझे, सबको लगे कि तुम गलत हो,
' तुम सही ही करोगे ' का विश्वास करने के लिए मैं हूँ ।

जब हो तुम्हें कोई दुविधा, समस्या या निराशा ,
तुम्हारे हर फैसले में साथ देने के लिए मैं हूँ ।

दूरियाँ चाहे कितनी भी आएँ, दिल जुड़े रहेंगे,
तुम्हारी माँ, बहन, दोस्त, साथी, हर रिश्ते के लिए मैं हूँ ।

# 3. कोई ऐसा

मैने तो कभी सोचा भी न था
कि मेरी जिंदगी में कोई ऐसा आ जाएगा,
जिसके साथ गुजरा हुआ हर पल हर लम्हा,
एक खूबसूरत सा फसाना बन जाएगा।

कोई ऐसा जिसकी सूरत और सिरत को
भगवानजी ने खुद पूरे दिल से बनाया होगा,
कोई ऐसा जिसे बनाकर देखने के बाद
खुदा खुद पे भी बहुत इतराया होगा।

कोई ऐसा जो इतना हेंडसम है कि उसके सामने
बोलीवुड, होलीवुड के सारे हीरो फीके पड़ जाएँगे,
कोई ऐसा जिसका खूबसूरत दिल इतना साफ है
कि कलयुग में भी सतयुग के दर्शन हो जाएँगे।

कोई ऐसा जो लगता इतना क्यूट है
कि उसके आगे सारे टेडी भी शरमा जाएँगे ,
कोई ऐसा जिसकी मुस्कान इतनी प्यारी है
कि वो हँसे तो सारे गुलाब सजदे में झुक जाएँगे ।

कोई ऐसा जो हमेशा खुद से पहले
दूसरों की भलाई का ही सोचेगा,
कोई ऐसा जो खुद का नुकसान करके भी
कभी परहित के रास्ते पर नहीं चलेगा।

कोई ऐसा जो मेरे शब्दों को ही नहीं,
मेरी खामोशी को भी सुन पाएगा,
कोई ऐसा जिसे कुछ समझाना ना पड़े,
जो मेरी आँखों की भाषा को पढ़ पाएगा।

कोई ऐसा जो दु:ख की घड़ियों में भी
मेरे होठों की मुस्कान बन जाएगा,
कोई ऐसा जो हर मुश्किल के पल में
"मैं साथ हूँ तेरे" का सहारा बन जाएगा।

कोई ऐसा जो मेरे जीवन के अकेलेपन को
बाँटने वाला मेरा साथी बन जाएगा,
कोई ऐसा जो मेरे सपनों की डूबती हुई
कश्ती का किनारा बन जाएगा।

कोई ऐसा जो मेरे पास ना होकर भी
मेरी हिम्मत बनकर मेरे साथ चल पाएगा,
कोई ऐसा जो सिर्फ मेरी खूबियाँ ही नहीं,
मेरी कमियों के साथ मुझे अपनाएगा।

कोई ऐसा जो मेरे एहसासों की नदी को
खुद में समानेवाला सागर बन जाएगा,

कोई ऐसा जिससे मुझे कुछ छुपाना ना पड़े ,
जो मेरी परछाई, मेरा आईना बन जाएगा ।

कोई ऐसा जिसके साथ तय किया हुआ हर सफर
उसकी मंजिल से भी ज्यादा सुहाना बन जाएगा,
कोई ऐसा जिसे अलविदा कहते समय हर दिन
ये आँखें नम और दिल उदास हो जाएगा।

कोई ऐसा जिसके बिना जीने का सोचकर ही
मेरी साँसों का कारवां थमने लग जाएगा,
कोई ऐसा जिसके साथ ताउम्र रहने की ख्वाहिश
हर पल ये दिल करने लग जाएगा।

# 4. हमसफ़र

रात को सूरज मिलता है,
दिनको चाँद मिलता है,
किस्मत अच्छी हो जिनकी उन्हें ही
ऐसे हमसफ़र का साथ मिलता है।

वो हमसफ़र जो मुश्किल सफर में भी
आपका हमराह बनता है,
जो आपके हर सुख दुःख में
आपका हमराज़ बनता है ।

वो हमसफ़र जो आपकी हर कमजोरी के साथ
आपको स्वीकार करता है,
जो आपको बदले ना, आप जैसे हो,
वैसे ही आपको प्यार करता है।

वो हमसफ़र जो हर मुश्किल वक्त में
हमारा सहारा होता है,
और तो क्या बोलूँ मैं, बस वही तो है वो
जो हमको जान से भी प्यारा होता है।

# 5. दोस्ती

ना हो कोई झूठ,
ना हो कोई बनावट,
ना हो कोई राज़,
ना धोखे की आहट।

जिसकी बुनियाद में हो प्यार ,
विश्वास और वो एहसास,
जिससे लगने लगे एक
आम इंसान भी कुछ खास।

दोस्ती है उस अटूट
रिश्ते का नाम,
है इतना पवित्र जैसे
गीता, बाइबल, कुरान।

आपकी दोस्ती ईश्वर का दिया हुआ
अनमोल तोहफा है हमें,
उसी ईश्वर से रोज दुआ माँगते हैं कि
दुनिया भर की खुशियाँ मिले तुम्हें।

# 6. अनमोल भावनाएँ

पलकों के दरवाजे से
अश्कों को बाहर ना आने देना,
दिल के समंदर में
दर्द की लहर ना उठने देना।

अपनी अनमोल भावनाओं को
दिल में ही सजा कर रखना,
कि उन्हें सरेआम यूँ
नीलाम ना होने देना।

# 7. My Best Friend

There is an amazing feeling of comfort
In having a friend near or far
Who accepts you and loves you
And will continue to, the way you are.

This is your special friend who knows
Your happiness, sadness, anger and your blame
And accepts them as a part of you
And treats them the same.

He always chooses to look over
Your outer looks, false anger and error
To the something within you
That's kinder and fairer.

And that's what you are Bestie
My sweet, caring and understanding friend
I trust you blindly and feel fortunate
To find one true, faithful and special friend.

# 8. My Special Friend

In all my life I have never had
A special friend like you
I will always be so grateful to my luck
For giving me the friend I found in you.

Grateful to God and the metro work
Because of which you chose our school
That's the reason we could meet
And the flower of our friendship could bloom.

So grateful to have someone in my life
So caring and understanding as you
To share all my joyous moments
And to share my sorrows too.

No matter how busy you are
You somehow manages to find time to meet me
You patiently bear my shouting
Whenever I am agitated and creepy.

You have this wonderful talent
For making other people feel special
You have a lovely nature, sweet smile, innocent eyes
And a heart which is so kind and gentle.

# 9. Friends Forever

If I am having a bad day
I know it will come to an end
When I think of your smiling face
I feel the positive vibes you send.

Never a day goes by
When I am not thinking of you
Because I value your love and friendship
I always cherish the moments spent with you.

I am truly grateful to you and your love
Your understanding, care and the precious time given by
you
I want to tell you that I love you
I really do and I'll always do.

No matter whatever is the distance between us
I am only a phone call away
I'll always be there for you and with you
And our love is here to stay.

# 10. My Love

He trusts me when no one else does
He makes me smile in my blues
He comforts me when I am irritated
He becomes my hope wjen I am devastated.

He has faith in me even when I lose it
He shows immense care when I have a grey day
He accompanies me when I feel alone
He becomes my light and shows the right way.

He executes tremendous patience
However angry I may get
I may try to leave him
But he will never I can bet.

You must be wondering
Who is this 'He' I am talking about
He is my Bestie, my Love
Whom I can't live without.

# 11. बारिश की बूँदें

ये बारिश की बूँदें गिरती तो हैँ चेहरे पर
लेकिन भिगा जाती हैँ इस दिल को
आँखें अपने आप मूंद जाती हैं
और ये दिल याद करने लगता है किसी को।

जी करता है दोनों बाँहें फैलाकर
इन बूँदों को खुद में समा लूँ
उसे तो आगोश में ले नहीं सकती
कम से कम उसकी याद को ही गले से लगा लूँ।

## 12. मेरा मनपसंद तोहफ़ा

मुझे तोहफ़े में उसका वक्त पसंद है
वो वक्त जो वो सिर्फ मेरे साथ बिताता वो।

मुझे तोहफ़े में उसकी वो फ़िक्र पसंद वो
वो फ़िक्र जो वो सिर्फ मेरे लिए दिखाता है ।

मुझे तोहफ़े में उसकी वो हँसी पसंद है
वो हँसी जो मेरी वजह से उसके चेहरे पर आती है ।

मुझे तोहफ़े में उसकी वो डांट पसंद है
वो डांट जो वो मेरी गलती सुधारने के लिए देता है ।

मुझे तोहफ़े में उसका वो झूठा गुस्सा पसंद है
वो गुस्सा जो वो मुझे दुःख से बचाने के लिए करता है ।

मुझे तोहफ़े में उसका वो प्यार पसंद है
वो प्यार जो वो बिना किसी शर्त के मुझसे करता है ।

# 13. तुम

प्यारा सा एक रिश्ता है तुमसे
मेरे हमसफ़र, मेरी जान हो तुम,
हर पल दिल में, दिमाग में रहते हो,
मेरी हर चिंता में, हर ख्याल में हो तुम ।

बिना कुछ कहे भी
कई बातें हो जाती हैं तुमसे,
मेरी आँखों की, खामोशी की
भाषा समझने के लिए हो तुम ।

तुम हँसो तो मैं खुश,
तुम दुःखी तो मैं उदास,
तुम्हे पता है ना कि मेरे लिए
कितने खास हो तुम ।

# 14. मेरा दोस्त

खुशनसीबी से जिंदगी में मिलता है
वो दोस्त जो बहुत ही खास होता है
जो मुझसे मीलों दूर रह कर भी
हर पल मेरे दिल के पास रहता है ।

वो दोस्त जिसे गुड मॉर्निंग किए बिना
न मेरे दिन का आगाज़ होता है
वो दोस्त जिसका गुड नाईट देखे बिना
न रात को सोने का फरमान होता है ।

वो दोस्त जिसकी प्यारी बातें
मेरे कानों के लिए सुरीला साज होती है
वो दोस्त जिससे मिलने के लिए
हर पल मेरी धडकनें बेताब रहतीं हैँ ।

वो दोस्त जिसको हर बात बताए बिना
न मेरे दिल को करार आता है
मैसेज करने में वो थोड़ा कंजूस है
फिर भी उसी के मैसेज टोन का इंतजाऱ रहता है ।

वो दोस्त जिससे कितनी भी बातें कर लूँ
हर बार मुझे कम ही पड़ता है
वो दोस्त जिसके साथ कितना भी समय बिता लूँ
कभी भी मेरा मन नहीं भरता है ।

वो दोस्त जो मेरे मैसेजेस देखकर बोलता है कि बुक लिख दी
क्यूँकि मैं लिखना शुरू करूँ तो ब्रेक ही नहीं लगाती
उसका एक वाक्य हो तो मेरे होते पचास
क्या करूँ मेरी बातें ख़तम ही नहीं होती ।

वो दोस्त जो जब बोलना शुरू करता है
तो मन करता है कि बस सुनती ही जाऊँ
वो दोस्त जिसके पीछे बैठकर लगता है
कि कहीं रुकूँ ही ना, बस चलती ही जाऊँ ।

वो दोस्त जो मेरी हर छोटी से छोटी
बात का हमराज़ होता है
मेरी हर खुशी में वो पास या दूर रहकर भी
हर पल हर घड़ी मेरे साथ होता है ।

जब छा जाए मुझ पर अँधेरे गम का साया
वो दोस्त मुझे हिम्मत का प्रकाश देता है
सिर्फ उसको देखने और बात कर लेने से ही
मेरा हर दर्द अपने आप ही कम हो जाता है ।

वो दोस्त जिसकी प्यारी मुस्कान देखकर
मेरे चेहरे पर भी मुस्कान आ जाती है

वो दोस्त जो मुस्कुरा कर मेरा गुस्सा भी सह लेता है
मेरे हर काम में बस वो ही मेरा साथी है ।

# 15. जुदाई का लम्हा

हो सकता है कल से
आपका हमारा साथ ना रहे
जो रोज करते थे हम
अब वो सारी बात ना रहे ।

जो हर गलती पर मिलती थी
वो आपकी मीठी डांट ना रहे
आपके हाथों से बने खाने का
हमको रोज स्वाद ना मिले ।

आपके अनुभव से जो मिलता था
वो सुरक्षा का एहसास ना रहे
पर यकीन दिलाते हैं ये कि बीतेगा ना एक भी दिन
जब हम आपको दिल से याद ना करे ।

# 16. दिल का दर्द

ये कैसा दर्द है सीने में
जो आँसू बहाने से भी कम नहीं होता
अगर तुमने हमारे प्यार को क़ुबूल किया होता
तो तेरी कसम , हमें मरने का भी गम नहीं होता ।

तुम्हे हमसे कभी प्यार ना हुआ
इस बात का जरा सा भी मलाल ना होता
अगर कह पाते हाल - ए - दिल हम तुम्हें
तो रो रो कर हमारा यूँ बुरा हाल ना होता ।

चाहे तुम हमें ना चाहते,
पर हमारे चाहत दिखाने से तुम्हें ऐतराज़ ना होता
तो खुल कर जाहिर कर पाते हम प्यार हमारा
यूं हमारे दिल में ये दफन राज़ ना होता ।

# 17. दोस्ती का पैगाम

खुदकी ही मसरूफ जिंदगी से
जब खुदके लिए ही वक्त निकाला
एलबम के पन्नों को पलट कर
जब यादों का ताला खोला ।

तब दिल को ये एहसास हुआ
कि इतना भी क्या व्यस्त हो गए
कि अपने दोस्तों का क्या हाल है
ये तक भी ना जान सके ।

इसीलिए अब ये कोशिश की है
कि मेरे हर दोस्त का हाल जाना जाए
शायद मेरा पैगाम पढ़कर
उनके चेहरों पर भी मुस्कान आ जाए ।

# 18. छूट जाएगा

कितने दिनों से हमें पता था
कि साथ छूट जाएगा
कभी ना छोड़ने के लिए जो थामा था
वो हाथ छूट जाएगा ।

जिससे होती थी हर दिन की शुरूआत
तुम्हारी वो मुस्कुराहट छूट जाएगी
रिसेस में तुम्हारे वो प्यारे प्यारे जोक्स
प्यार की वो आहट छूट जाएगी ।

जो हर किसीकी खुशी का कारण थी
तुम्हारी वो प्यारी मुस्कान छूट जाएगी
जो मेरे गुस्से को गायब कर देती थी
तुम्हारी वो समझदारी वाली बात छूट जाएगी ।

समझाते हैं हम दिल को कि सच को मान ले
उम्मीद की ये डोर टूट जाएगी
पर दिल है कि कुछ सुनता ही नहीं
सोचता है कि प्यार के आगे सारी दुनिया झुक जाएगी ।

# 19. My Teacher

A teacher is someone.....

Who enlightens your path
When you have lost in the dark
When everything seems clueless
He ignites a spark.

Whenever you feel weak
He supports like a father
Whenever you feel low
He comforts like a mother.

When you feel alone
He helps you like a friend
A teacher means All in One
Whose love has no end.

I am thankful to God
That I have found such a teacher in you

This poem is just a small memento
To show my gratitude to you.

# 20. पिता

जो स्वयं सारी धूप सहन कर
अपने बच्चों को ठंडी छाया दे
वो घटादार वृक्ष है पिता ।

जो स्वयं गरमी में तप कर
अपने बच्चों के जीवन में रोशनी वो
वो विशाल सूर्य है पिता ।

जो सारे दुःख अपने दिल में समाकर
अपने बच्चों को सिर्फ खुशी की लहर दे
वो गहरा समंदर है पिता।

जो हर मुसीबत का अडिग हो सामना कर
अपने बच्चों को सुरक्षा का एहसास दे
वो अविचल हिमालय है पिता ।

जो अपने बच्चों में अनुशासन के बीज बोए
और संस्कारों से उसका सिंचन करे
वो जिम्मेदार बागबान है पिता ।

जो अपने बच्चों पर प्यार की वर्षा करते करते
स्वयं पूरा रिक्त हो जाए
वो सघन बादल है पिता ।


पूरी दुनिया के लिए
उनके अलग अलग रूप हो सकते हैं
पर हमारी तो पूरी दुनिया ही हैं हमारे पिता ।

# 21. दिल के रिश्ते

कुछ लोगों से बिना मिले ही
दिल के तार जुड़ जाते हैं
चाहे कितना भी दूर जाना चाहें
रास्ते उनकी ओर ही मुड़ जाते हैं।

अपने लगने लगते हैं वो
हमारे अपनों से भी ज्यादा
दिल की हर बात उनसे कह देते हैं
चाहे कितना भी हो छुपाने का इरादा।

जब भी उनसे बातें करती हूँ
चेहरे पर मुस्कान आ जाती है
अगर कभी मन उदास हो तो
बातें करते हुए आँखे भी नम हो जाती हैं ।

बहुत ही प्यारे लगते हैं ये रिश्ते
दिल में सजाया है किमती सौगात की तरह
मेरे लिए तो अनमोल हैं ये रिश्ते
पवित्र हैं ईश्वर की इबादत की तरह ।